# NOTE

SUR LES

# ALLUVIONS ARTIFICIELLES

L'OPPORTUNITÉ DE LEUR DÉLIVRANCE

ET LA JOUISSANCE DES FRUITS JUSQU'A CETTE ÉPOQUE

PAR

## A. GOUAULT

INGÉNIEUR

Ancien Elève de l'Ecole Polytechnique

EXPERT DES SYNDICATS DES PROPRIÉTAIRES DE LA BASSE SEINE

ROUEN

IMPRIMERIE CH.-F. LAPIERRE

1, RUE SAINT-ÉTIENNE-DES-TONNELIERS, 1

—

1876

# NOTE



## SUR LES

# ALLUVIONS ARTIFICIELLES

### L'OPPORTUNITÉ DE LEUR DÉLIVRANCE

### ET LA JOUISSANCE DES FRUITS JUSQU'A CETTE ÉPOQUE

PAR

## A. GOUAULT

### INGÉNIEUR

Ancien Elève de l'Ecole Polytechnique

EXPERT DES SYNDICATS DES PROPRIÉTAIRES DE LA BASSE SEINE

---

## ROUEN

IMPRIMERIE CH.-F. LAPIERRE

1, RUE SAINT-ÉTIENNE-DES-TONNELIERS, 1

## 1876

# SOMMAIRE

## CHAPITRE Ier.



## CHAPITRE II.

CHAPITRE I<sup>er</sup>

**1.** — Lorsque l'Etat entreprend des travaux analogues à l'endiguement de la basse-Seine, le chenal
du fleuve, en se limitant entre les nouvelles rives
qui lui sont assignées, découvre des terrains qui
autrefois faisaient partie du lit du fleuve. Ces terrains s'accroissent et s'exhaussent par les dépôts
sédimenteux que lui apportent le fleuve et la mer ;
ils s'herbent peu à peu, et au bout d'un certain
nombre d'années, lorsqu'ils sont émergés d'une
manière complète, au-dessus du niveau moyen des
eaux du fleuve, leurs produits diffèrent peu des
terrains de formation antérieure.

Ces terrains sont désignés au Code civil sous le
nom d'*alluvions* ; on y a joint l'épithète d'*artificielles* pour les distinguer de celles qui se produisent
en dehors des travaux exécutés par l'homme.

**2.** — La propriété des alluvions artificielles,
quelque temps contestée aux riverains du fleuve, a
fini par leur être absolument reconnue. Mais l'Etat,
créateur des travaux d'endiguement qu'il exécute
pour l'amélioration de la navigation, a réclamé

l'application de la loi du 16 septembre 1807, et il a été admis unanimement qu'il était juste que les riverains, dont les propriétés sont accrues par suite de ces travaux auxquels ils sont étrangers, devaient payer à l'Etat une équitable plus-value. Cette plus-value a été, par différents décrets des 15 janvier et 3 août 1853, 15 juillet 1854, et 3 octobre 1870, fixée au *maximum* prévu par la loi de 1807, c'est-à-dire à la moitié des avantages que lesdites propriétés devaient acquérir.

Cette même loi de 1807 détermine, d'une manière très-nette, les formalités qui devront accompagner la détermination de la valeur des propriétés avant et après les travaux; elle confie le soin de statuer, en dernier ressort, sur ces estimations, à une *Commission Spéciale*, dont les membres sont nommés par le Pouvoir exécutif.

3. — Entre le moment où l'administration, concessionnaire des travaux d'endiguement, prend possession des lieux où elle va exécuter ses ouvrages défensifs, et le moment où les alluvions seront remises aux propriétaires riverains, contre le paiement de la plus-value, il existe toute une période de temps, pendant laquelle les alluvions se forment peu à peu entre les digues et l'ancienne rive, et donnent lieu à des produits dont la valeur va en s'accroissant chaque année.

A qui de l'Etat ou des riverains doivent profiter ces revenus ?

L'administration a procédé, sur ce sujet, d'une manière quelque peu hésitante et confuse : tantôt elle a abandonné aux propriétaires riverains, et à mesure que les alluvions apparaissaient, les terrains et leurs produits (communes de Saint-Nicolas-de-Bliquetuit, Saint-Wandrille-Rançon, Caudebec...); tantôt elle s'en est emparée des uns et des autres, et elle a épuisé toutes les juridictions pour soutenir et faire triompher ce qu'elle prétend être ses droits (Marais-Vernier : l'Etat contre héritiers de Condé; — Saint-Wandrille-Rançon : l'Etat contre V<sup>ve</sup> Levacher).

Enfin, que l'on admette ou non, que les alluvions et leurs produits appartiennent à l'Etat pendant la période d'exécution des travaux, il y a lieu de fixer l'époque à laquelle les travaux doivent être considérés comme terminés, la plus-value acquittée par les riverains, et les alluvions remises à ces derniers.

4. — Un certain nombre d'actions ont été engagées contre l'Etat au sujet de la propriété des fruits excrus sur les alluvions pendant la période des travaux, et de l'opportunité de la délivrance des terrains alluvionnaires aux propriétaires riverains.

La Cour de Cassation et le Conseil d'Etat ont eu à se prononcer sur ces questions délicates; les solutions que ces cours suprêmes ont données, ne paraissent pas d'accord sur un point : l'application de l'article 556 aux *alluvions artificielles* et l'attribution de leurs revenus ; mais elles ont montré le plus parfait accord sur la question concernant l'opportunité de leur délivrance.

La Cour de Cassation, avec et après la Cour de Rouen, a reconnu « à l'autorité administrative, le pouvoir de délivrer les terrains quand elle le jugerait convenable ; » (l'Etat contre les héritiers de Condé;) elle a de plus déclaré l'Etat propriétaire des alluvions et de leurs produits, jusqu'au moment où l'administration jugerait le moment de la délivrance opportun (Id).

Le Conseil d'Etat (veuve Levacher contre l'Etat) a déclaré, de son côté, qu' « il ne peut appartenir « qu'à l'administration d'apprécier si les travaux « exécutés par ses soins doivent être considérés « comme terminés, et si les terrains conquis sur le « lit du fleuve sont devenus susceptibles d'être « remis aux particuliers. »

5. — C'est, comme on le voit, la même théorie, concernant l'opportunité de la délivrance des alluvions aux propriétaires riverains. Quant aux produits excrus sur ces terrains, la Cour de Cassation les attribue formellement à l'Etat; le Conseil d'Etat fait toutes réserves à ce sujet; et s'il ne s'est pas prononcé, cela paraît plutôt par condescendance pour la Cour, que par suite d'une conviction conforme à la sienne.

Quoi qu'il en soit de ce dernier point, que faut-il entendre par « l'autorité administrative » ou « l'administration, » *seules compétentes* pour décider de la remise des alluvions ?

Faut-il conclure que par l'une ou l'autre de ces locutions, les Cours suprêmes ont entendu désigner l'Etat lui-même, concessionnaire des travaux d'endiguement ? Peut-on admettre que l'Etat, qui détient, jusqu'à la parfaite exécution des travaux, les terrains alluvionnaires; qui, à tort ou à raison, en approfite tous les revenus, pourra, à son gré, prolonger cette situation autant qu'il lui plaira ?

Mais si les riverains sont propriétaires des alluvions, en vertu de l'article 556 du Code Civil, de quel droit l'Etat peut-il détenir cette propriété sans indemnité de dépossession ou tout au moins d'occupation ?

Si, au contraire, on admet avec la Cour de Cassation que l'application de l'article 556 est suspendue jusqu'à la réalisation d'une promesse éventuelle de délivrance contenue virtuellement dans les décrets de concession des travaux ; comment admettre que l'Etat aura conservé le droit de choisir lui-même l'époque qui pourra convenir à l'accomplissement de sa prétendue promesse ? Et s'il s'y refuse indéfiniment, qui pourra l'y contraindre, s'il est reconnu, à bon droit, juge et partie dans sa propre cause ?

6.— L'Etat ne s'est pas fait faute de prendre acte de cette prétendue concession des Cours suprèmes, et il l'a interprétée dans le sens développé plus haut. Tantôt il a affirmé que la délivrance des terrains d'alluvions devait être différée jnsqu'à ce qu'ils aient acquis la valeur de prairies ordinaires (1) ; tantôt qu'il attendrait que ces terrains se soient exhaussés suffisamment pour qu'ils ne soient plus submergés par les très-grandes marées (2).

Ces réponses étaient évidemment des fins polies de non-recevoir. En effet, d'une part, des terrains nés du lit d'un fleuve, et qui s'accroissent des dépôts qui en proviennent, ne peuvent en émerger, dans le sens admis par l'Etat, qu'au bout d'une période de temps très-considérable, si cet émergement peut même se produire autrement que par un abaissement du niveau du fleuve lui-même.

(1) Rapport de l'ingénieur ordinaire des 11 avril et 24 juin 1874.
(2) Décision ministérielle du 17 juin 1875.

La même observation s'applique à la qualité de ces terrains. Il faut des durées de temps presque séculaires pour que les alluvions atteignent la valeur de prairies ordinaires.

Poussé dans ses extrêmes retranchements par l'offre de certains propriétaires de payer la plus-value en nature, ce qui détruit au moins l'un des prétextes ci-dessus énoncés, l'Etat a allégué des raisons d'ordre public et supérieur : l'intérêt de la navigation, l'ensablement possible du port du Havre, etc... Toutes raisons qui peuvent se remplacer par une seule : Ces terrains produisent plusieurs centaines de mille francs de revenus qui profitent à l'Etat, et qu'il faut lui conserver le plus longtemps possible.

Ces excès de pouvoir devaient fatalement se produire. On ne donne pas impunément à quelqu'un, surtout à un corps dont la personnalité est insaisissable, une pareille prérogative d'être à la fois juge et partie.

Aussi, comme nous ne pensons pas que les Cours suprêmes aient voulu créer pour l'Etat, en cette circonstance, une prérogative tout à fait exceptionnelle et contraire aux principes du droit, nous chercherons une interprétation tout autre que la précédente des solutions qu'elles ont données.

Oui, il est évident que les deux juridictions se sont déclarées incompétentes ; mais, nous le répétons, elles n'ont pu avoir la pensée qu'il n'en existait aucune. Cette juridiction que les deux cours appellent « autorité administrative » ou « administration » doit exister réellement, et il nous sera facile, croyons-nous, de démontrer, d'une manière péremptoire, que les dénominations précédentes, dans le cas qui nous occupe, ont pour intention de désigner la *Commission spéciale de la Basse-Seine* elle-même.

7.— L'institution des commissions spéciales paraît remonter, dans la législation qui a pour base le Code Civil, à la loi du 16 septembre 1807. Elle a pour but de régler administrativement, et en dehors de la procédure ordinaire, les rapports entre les particuliers et l'Etat, à l'occasion des travaux publics de toutes sortes que celui-ci peut entreprendre en vue de l'intérêt général.

Les titres I à VI inclusivement, s'occupent plus particulièrement des travaux de *dessèchement des marais*, et règlent les formalités qui doivent accompagner l'exécution et la conservation de ces travaux ; ils définissent le rôle et les attributions de la commission créée spécialement pour la solution de toutes les contestations qui peuvent prendre naissance en ces différentes circonstances.

Les titres VII, VIII et IX traitent des travaux publics d'une nature autre que les dessèchements des marais.

Enfin le titre X résume, condense et généralise, en ce qui concerne les attributions des commissions spéciales, les dispositions contenues dans les neuf titres précédents, et les applique, d'une manière uniforme et absolument identique, à presque tous les travaux publics dont la loi a fait la nomenclature.

Telle est la physionomie générale de la loi de 1807. Il importe de s'appesantir sur le libellé de l'article 46 :

« Les commissions spéciales connaîtront de tout

« ce qui est relatif au classement des diverses pro-
« priétés avant ou après le desséchement des ma-
« rais, —à la vérification de l'exactitude des plans
« cadastraux ; — à *l'exécution des clauses des*
« *actes de concession relatifs à la jouissance par*
« *les concessionnaires d'une portion des pro-*
« *duits, — à la vérification et à la réception des*
« *travaux de desséchement*, — à la formation et
« à la vérification du rôle de plus-value des terres
« après le desséchement ; — elles donneront leur
« avis sur l'organisation du mode d'entretien des
« travaux de desséchement ; — elles arrêteront les
« estimations dans le cas prévu par l'article 24, où
« le Gouvernement aurait à déposséder tous les
« propriétaires d'un marais ; — ELLES CONNAI-
« TRONT DES MÊMES OBJETS, lorsqu'il s'agira de fixer
« la valeur des propriétés avant l'exécution de
« travaux d'un autre genre, comme routes, ca-
« naux, quais, DIGUES, ponts, rues, etc., et après
« l'exécution desdits travaux, et lorsqu'il s'agira
« de fixer la plus-value. »

8. — Ce texte nous semble très-explicite.

Lorsqu'il s'agit de travaux de desséchement de
marais, c'est la Commission spéciale qui a pour
mission de *vérifier et de recevoir les travaux* exécutés par les concessionnaires, et de faire *la répar-*
*tition des produits excrus* sur les terrains dessé-
chés, entre les concessionnaires et les propriétaires
des terrains, conformément aux clauses de l'acte de
concession.

S'il s'agit de fixer la plus-value occasionnée à
certaines propriétés riveraines par la construction
de *digues* dans un grand fleuve, la commission

spéciale connaîtra des *mêmes objets,* ou plutôt des objets analogues.

Quels sont ces mêmes objets? Ils sont identiques dans les deux opérations. Les seuls qui portent des noms différents sont : pour les travaux de desséchement, l'acte de concession des travaux, et pour la construction des digues, les lois et décrets qui approuvent cette entreprise. Ils présentent d'ailleurs entre eux une grande analogie, et il n'est pas douteux que ces actes doivent être considérés comme les correspondants l'un de l'autre dans les deux séries d'opérations. M. Marais admet comme évidente cette assimilation dans son *Traité des Alluvions artificielles* (page 62).

Voici, au surplus, un tableau comparatif des deux séries d'opérations dans le cas du desséchement d'un marais, et de l'endiguement d'un fleuve.

| DESSÉCHEMENT DE MARAIS. | ENDIGUEMENT D'UN FLEUVE. |
|---|---|
| 1. Acte de concession des travaux. | 1. Lois et décrets du pouvoir exécutif. |
| 2. Entrepreneur : l'Etat ou un particulier. | 2. Entrepreneur : l'Etat. |
| 3. Classement des propriétés avant le desséchement. | 3. Classement des propriétés avant l'endiguement. |
| 4. Estimation desdites propriétés avant le desséchement. | 4. Estimation des propriétés avant l'endiguement. |
| 5. Répartition des fruits entre les propriétaires et le concessionnaire pendant l'exécution des travaux de desséchement. | 5. Répartition des fruits entre les propriétaires et l'Etat pendant l'exécution de l'endiguement. |
| 6. Vérification et réception des travaux de desséchement. | 6. Vérification et réception des travaux d'endiguement. |
| 7 et 8. Classement et estimation des propriétés après le desséchement. | 7 et 8. Classement et estimation des propriétés après l'endiguement. |

<table>
<tr><td>

9. Formation et vérification des rôles de plus-value des terres après le desséchement.

10. Organisation du mode d'entretien des travaux de desséchement.

11. Compétence absolue et sans recours, sauf vice de forme, de la Commission spéciale sur les opérations 3 à 10, avec recours au Conseil d'Etat pour l'opération 10.

</td><td>

9. Formation et vérification des rôles de plus-value des terres après l'endiguement.

10. Organisation du mode d'entretien des travaux d'endiguément.

11. Compétence absolue et sans recours, sauf vice de forme, de la Commission spéciale sur les opérations 3 à 10, avec recours au Conseil d'Etat pour l'opération 10.

</td></tr>
</table>

Comme on le voit, la concordance est parfaite.

Il faut conclure de ce qui précède, que lorsqu'il s'agira de travaux d'endiguement, c'est la commission seule qui vérifiera et recevra les travaux exécutés par les concessionnaires de l'entreprise, c'est-à-dire par l'Etat ; c'est encore la commission qui interprétera l'acte de concession des travaux, c'est-à-dire les lois et décrets qui ont concédé à l'Etat la construction des digues, au point de vue du partage des produits des alluvions entre l'Etat et les riverains (1).

En vérité, il nous paraît que le texte de l'article 46 ne permet aucun doute, et il nous semble que ce doute n'aurait pu se produire un seul instant, si les décisions précitées des Cours suprêmes n'existaient pas, et surtout si l'Etat ne leur avait pas donné l'interprétation abusive que l'on sait.

---

(1) Le rédacteur du décret du 15 janvier 1853, et des autres décrets analogues, en vertu desquels les Commissions fonctionnent, avait en vue, sans doute, ce côté de leur mission, lorsqu'il écrivait : « Les Commissions ..... connaissent de *tout* ce qui est relatif ..... à *toutes les opérations* auxquelles ces questions pourront donner lieu. »

Ne peut-on pas croire, en effet, qu'il s'est agi jusqu'à aujourd'hui d'une simple confusion dans le sens des mots ? L'Etat ne constitue à lui seul, ni « l'administration », ni « l'autorité administrative». L'Etat fait partie d'un tout, qu'on appelle de l'un ou l'autre de ces deux noms, et qui contient en lui-même sa juridiction propre. Si la loi de 1807 n'existait pas, il est probable que cette juridiction serait le tribunal ordinaire, c'est-à-dire le Conseil de préfecture ; mais la loi de 1807 a créé, pour ces circonstances spéciales, la juridiction particulière d'une commission. C'est à cette commission qu'il convient de déférer les questions dont il s'agit. La Cour de Cassation et le Conseil d'Etat ont simplement proclamé leur incompétence, mais ils n'ont en aucune façon déclaré que cette juridiction n'existait pas. Au lieu de dire d'une manière générale : l'administration ou l'autorité administrative, ils auraient pu spécifier qu'ils entendaient ainsi désigner la Commission spéciale. C'est le seul reproche que l'on peut adresser à leurs décisions, en ce qui concerne du moins la détermination de l'époque opportune à laquelle les travaux doivent être considérés comme terminés.

9. — Cette théorie de la compétence de la Commission spéciale relativement au partage des fruits et à la vérification des travaux de l'Etat a déjà été présentée. Si nos souvenirs sont exacts, dans un rapport présenté en 1874, M. Bellot, alors ingénieur en chef de la 4ᵉ section de la navigation de la Seine à Rouen, concluait au rejet de la demande que Mᵐᵉ Levacher adressait au Ministre, d'être mise en possession des terrains d'alluvions produits devant

sa propriété de Saint-Wandrille, et proposait de soumettre la question à la Commission spéciale, seule compétente, à son avis, pour juger de cette affaire, en vertu du texte même de la loi de 1807.

## CHAPITRE II.

1. — Nous avons démontré d'une manière surabondante, nous le croyons du moins, la compétence de la Commission spéciale. Quelles solutions pourra-t-elle donner aux questions qui lui sont soumises? A quels caractères pourra-t-elle reconnaître que les travaux d'endiguement sont terminés? Quelle part de fruits devra-t-elle accorder aux riverains pendant la période qui précédera la remise des alluvions aux riverains? Enfin, qui la mettra en œuvre?

Sur ce dernier point, nous nous rangeons entièrement à l'opinion de M. Marais, et nous admettons que l'Etat et les particuliers ayant des droits égaux devant la Commission, ont l'un et l'autre un droit égal à la convoquer en séance. (Ouvrage cité, page 94.)

2.—Sur la première question, la Commission, en prenant au pied de la lettre l'énonciation même du travail à exécuter, doit-elle déclarer les travaux terminés lorsque les digues sont elles-mêmes achevées suivant les dimensions portées au projet?

Cette interprétation nous semble exagérée. Le travail d'endiguement ne nous paraît pas consister dans l'exécution de la digue seule ; l'endiguement a pour complément indispensable, selon nous, le creusement du chenal dans lequel les eaux du fleuve devront être maintenues à l'avenir, la consolidation des digues par le dépôt sur leur côté extérieur des limons suspendus dans les eaux, et la formation d'un rempart qui vient faire corps avec les digues et en assurer, d'une manière au moins relative, la durée plus grande.

N'y a-t-il pas aussi à tenir compte d'une question d'équité ? C'est l'Etat qui exécute les travaux avec ses deniers, et qui doit trouver la compensation d'une partie de ses déboursés dans la plus-value qu'auront acquise les terrains conquis sur le lit du fleuve. Il serait donc injuste d'admettre que cette plus-value doit être estimée au moment où les alluvions, encore à l'état de criques ou de blancs-bancs, n'ont qu'une mince valeur. Il convient d'attendre à la fois, et que les travaux aient reçu une consolidation relative suffisante et que les prairies aient acquis une certaine valeur.

Devra-t-on attendre, comme l'a prétendu l'Etat, que les alluvions aient complétement émergé le niveau des très-grandes mers, ou qu'elles aient acquis la valeur de prairies ordinaires ? Evidemment non, puisque ces événements ne peuvent se réaliser qu'au bout d'un temps très-long, si même cette réalisation peut jamais se produire effectivement.

Il faut s'attendre que l'Administration rééditera, à ce sujet, la théorie déjà présentée par elle, concernant le *Domaine Public*. Elle allèguera, sans doute, que le Domaine public s'étend jusqu'où les eaux des plus hautes mers peuvent atteindre; que, tant que les terrains d'alluvions sont compris dans cette zone, ils appartiennent, eux et leurs fruits, au Domaine public, et ne peuvent être délivrés aux propriétaires riverains (1).

Le cadre de cette note ne comporte pas la discussion complète de cette théorie. Cependant, et malgré un arrêt contraire de la Cour de Caen, nous pouvons dire en quelques mots que la définition ainsi donnée du Domaine public ne s'accorde pas avec les faits; qu'il convient de limiter cette appellation, en ce qui concerne les fleuves, à la partie du sol couverte ordinairement par les eaux du fleuve coulant vers la mer, et non refoulées par elle; à celle qui sert à la navigation, c'est-à-dire à l'usage public; que ce caractère n'appartient pas à des prairies couvertes à peine quelques jours dans une année par les très-grandes mers. A un autre point de vue, on peut remarquer que le Domaine public est inaliénable; que cependant l'Etat aliène chaque jour les terrains d'alluvions, avant qu'ils aient émergé les plus hautes eaux; qu'il leur refuse ainsi, lui-même, la qualité qu'il prétend leur appartenir d'être partie intégrante du Domaine public; que, tout au plus, ces alluvions pourraient être considérées comme faisant partie du Domaine de l'Etat; mais qu'alors elles seraient, par cela même, reconnues susceptibles de propriété privée; et qu'en vertu de l'art. 556 du Code Civil, aussitôt que les alluvions sont susceptibles de propriété privée, elles doivent être attribuées aux riverains.

Nous aimons mieux engager la Commission à

---

(1) Décision ministérielle précitée du 17 juin 1875.

considérer la question à un point de vue plus pratique. Elle pourra, s'en référant uniquement aux usages précédents, rechercher quelles conditions remplissaient les alluvions dont la délivrance a été opérée antérieurement, d'après l'initiative même de l'Etat. Elle reconnaîtra que le point de vue exclusif auquel l'Etat prétend se placer en appuyant cette thèse ne peut se soutenir sérieusement, puisque l'Etat lui-même l'a déclaré caduc en le transgressant ; qu'il s'agit, non de vérifier le niveau des terrains, mais de reconnaître uniquement, comme nous l'avons dit plus haut, si les digues sont achevées, si les alluvions créées derrière elles ont contribué, en admettant le cas possible, à la consolidation de l'endiguement ; si, enfin, lesdits terrains ont acquis une valeur suffisante pour que la plus-value qui en résultera indemnise l'Etat d'une part convenable des dépenses qu'il a faites.

La Commission spéciale saura, nous n'en doutons pas, trouver une juste mesure.

3. — En ce qui concerne la question des fruits, notre opinion est aussi celle que M. Marais a développée au chapitre IV de son Traité.

L'acte de concession, loi ou décret, n'ayant pas prévu qu'une part quelconque des produits excrus sur les alluvions dût appartenir aux concessionnaires des travaux, c'est-à-dire à l'Etat, il pourrait sembler que la Commission, en interprétant les clauses dudit acte, devrait en attribuer la totalité aux riverains.

Mais il y a peut-être lieu de considérer que l'art. 16 de la loi de 1807 attribue formellement aux entrepreneurs du desséchement *une portion*, en deniers, il est vrai, des revenus, lorsque la durée des travaux excède trois ans ; — que, si la loi ou le décret n'ont pas fixé cette portion, il y a là une omission que la Commission a sans doute le pouvoir de réparer ; — qu'elle a peut-être le droit de dire qu'en fixant la plus-value à payer à l'Etat par les riverains à la moitié des avantages que les propriétés auront acquis, l'Administration a entendu attribuer à l'Etat, à toute époque et à tout jamais, la moitié des propriétés sorties du lit du fleuve par le fait de ses travaux ; et enfin qu'en lui allouant la moitié des fruits jusqu'à la délivrance des terrains, la moitié de la propriété ou de sa valeur ensuite, la Commission donnera au cas pendant, une solution équitable, en même temps que conforme à l'esprit de l'acte de concession.

9 782019 264680